Wie lautet eine Bierbestellung? »Man kredenze einen mit einem Hopfenstoß angereicherten Trunk prickelnder Natur.« Ein Geburtstagskind ist ein »Homo sapiens, welcher heutigentags die Jährung seiner Niederkunft auf das irdische Jammertal zelebriert«. Und die Bitte, den Müll rauszubringen, wird freundlich umschrieben mit »Möget Ihr geschwind das speiübel riechende Kehrichtgemisch ins Freie befördern?«. Unter dem Phänomen »Feudalsprache« hat sich eine Kommunikationsform entwickelt, bei der alltägliche Wendungen und Ausdrücke in vornehmere und eloquentere Ausdrucksweisen umgewandelt werden – wie es weiland dem Adel vorbehalten war. Auf Instagram und Facebook folgen Hunderttausende Abonnenten diesem Kanal, mit regem Austausch dazu, was man »edler« ausdrücken sollte und auf welche Weise – natürlich fürnehm in Feudalsprache.

Dallan Sam, Lehnsherr der Dasa Media und Experte im Aufbau von Social-Media-Brands, wurde im Jahre 1996 in der von Fachwerkhäusern gezierten Stadt Celle geboren. 2019 gründete er die Unterhaltungsseite *Feudalsprache*. Innerhalb weniger Monate zogen die dortigen kunstsprachlichen Darbietungen mehrere Hunderttausend Recken und Maiden an.

Dario Ciraulo, Co-Administrator von *Feudalsprache*, erblickte im Jahre 1995 in Wiesbaden als Produkt italokroatischer Erzeuger das Licht der Sonne. Der Wortakrobat lebt mit seinem Sprössling und seiner geliebten Maid in München, wo er sein täglich Brot als Experte für soziale Medien verdient.

Von Dallan Sam sind in unserem Hause erschienen:

Was Lehrer nicht dürfen • *Was Vermieter und Nachbarn nicht dürfen* • *Vong* • *Jurafakten*

DALLAN SAM

GREIFET HIN UND LESET NUN

Feudale Sentenzen
in gedruckten Lettern für
pflegliche parlierende Zeitgenossen

Unter literarischer Mitwirkung
von Dario Ciraulo

Ullstein

Besuchen Sie uns im Internet:
www.ullstein.de

Wir verpflichten uns zu Nachhaltigkeit
- Papiere aus nachhaltiger Waldwirtschaft und anderen kontrollierten Quellen
- ullstein.de/nachhaltigkeit

Die Inhalte dieses Buches basieren auf den Internetplattformen www.facebook.com/feudalsprache/ und www.instagram.com/feudalsprache/.
Marketing: Dallan Sam, Fernando Rode, Dario Ciraulo, Dasa Media GmbH

FSC www.fsc.org
MIX
Papier | Fördert gute Waldnutzung
FSC® C021394

Originalausgabe im Ullstein Taschenbuch
1. Auflage April 2023
3. Auflage 2025

Bei Fragen zur Produktsicherheit wenden Sie sich bitte an produktsicherheit@ullstein.de
Umschlaggestaltung: zero-media.net, München
Feudal-Logo: Daniel Nosbüsch
Rahmen: © Vecteezy.com
Satz: KCFG – Medienagentur, Neuss
Gesetzt aus der Adobe Caslon Pro
Druck und Bindearbeiten: ScandBook, Litauen
ISBN 978-3-548-06750-6

INHALT

VORWORT DES LEHNSHERRN

Werte Untertanen, hochgeschätze Gefolgschaft!

Sakrament noch einmal! Welch Gaudium, die Warterei hat fortan ein Ende! Nun lasset uns die Erscheinung dieses meisterhaften Schriftwerks mit einem dreifach donnernden Heureka feyern! Ehe wir uns unserer gemeinsamen Leidenschaft des feudalen Schabernacks widmen, vermag der Lehnsherr einige danksagende Worte loszuwerden.

Voller Stolz blickt meine Wenigkeit auf diesen Meilenstein, und mir bleibt nichts anderes übrig, als mich vor Euch, werten Recken und Maiden, hochachtungsvoll zu verneigen. Die gemeinsame Kunst der feudalen Sprache hätte niemals in diesem Buche verewigt werden können, wenn Ihr, werte Gefolgschaft, meinen Unterhaltungsdarbietungsseiten in der schnurlosen Parallelwelt nicht eifrig zum Wachstum verholfen hättet.

Mit den folgenden auf Pergament gedruckten Sentenzen intendiert meine Wenigkeit die quotidiane Pöbelsprache der

Neuzeit mit adligem Esprit der Vergangenheit zu versehen. Dies stets in gewohnt überzogener Manier und immerfort mit einer Prise Humor zu interpretieren. Mit diesem Werke vermöget Ihr Alltagssituationen wie Besuche im Speisegasthof, die Unterhaltung mit Eurer Herzensdame oder den täglichen Gang auf den Donnerbalken vornehm zu umschreiben und gar fürstlich zu meistern.

Dabei ist dem Lehnsherrn natürlich bewusst, dass die Feudalsprache unfassbar viele Facetten bietet und die Interpretation vonseiten meiner Wenigkeit nicht die einzig in Stein gemeißelte zu sein vermag. Daher halten wir in diesem Buche auch Platz für Eure eigenen Wortschöpfungen bereit, die Ihr bei Bedarf mit Eurer Feder niederschreiben könnt.

Genug des Geplänkels – habet Dank für Eure Treue, und kredenzt Euch nun feudale Augenschmäuse, welche Anfälle gellenden Gelächters versprechen!

BASIS FEUDALER WORTSCHÖPFUNGEN

So erlaubet meiner Wenigkeit, Euch vorab mit den Grundlagen der Feudalsprache vertraut zu machen. Das erste Kapitel dient der Einverleibung einiger Kniffe, die Euch bei der Übersetzung von Sentenzen der Moderne in die Sprache uralter Zeiten helfen und Eure Sinne schärfen mögen.

1. Zunächst duzen wir nicht. Wir ihrzen und euchzen.
2. Versuchet, wo immer Ihr Verben zu nutzen gedenket, ein »e« zu addieren.
3. Tod den Anglizismen. Ihr wünschet feudal zu klingen? So entfernet Worte wie »okay«, »Sport«, »unfair«, »Team«, »Smartphone«, »cool«, »kids«, »cringe« oder andere Verbalergüsse des niederen Gesindels aus Eurem Wortschatz.
4. Ihr wollet dem gebildeten Stand angehören? So machet Euch mit lateinischen Synonymen vertraut, welche Ihr dosiert in Eure Umgangssprache einstreut. (Ein Exemplum: »zu Fuß« = »per pedes«).

5. Des Genitivs Nutzung wurde im modernen Zeitalter schröcklicherweise zur Rarität. Dabei stellt die Integration des Genitivs insbesondere an Satzanfängen eine gar lohnende Sprachveredelung dar, welche einem Ohrenschmaus zu gleichen vermag. Beispiel: »Des Glückes Schmied« anstatt »Ich bin der Schmied von meinem Glück«.
6. Zu guter Letzt: Werdet selbst Schöpfer altertümelnder Formulierungen. Denn: In der Neuzeit mögen Objekte existieren, die es zur damaligen Zeit noch nicht gab. Solche Situationen erfordern kreative, kunstsprachliche Veredelungen, welche zum Beispiele den eloquenten Umgehungen von Anglizismen dienen. Wer waget es, »Handy« zu sagen, derweilen es »Fernsprechapparatur« zu lauten hat? Und nur ein arger Schelm nennet sein Auto nicht das, was es all immer war: eine »Treibkraftkutsche«.

GRUNDVOKABULAR

Liebreizende Leserschaft, genehmigt Euch nunmehr eine Auflistung von Basisvokabular der Feudalsprache, die Euch bei ersten Gehversuchen zu helfen vermag. Erst danach dann wollen wir gut beraten sein, uns des schnöden Lebens gewichtigsten Bereichen zuzuwenden.

Willst du …?

Wünschet Ihr …/
Bedürfet Ihr …?

Okay!

Wohlan/
Nun gut

Es kommt mir so vor …

Mich deucht …/
Mich dünkt …

Warte mal!

Haltet ein! / Geduldet Euch!

Ja

Meine Wenigkeit vermag zu bejahen. / Gewiss.

Nein

Meine Wenigkeit vermag zu verneinen. / Gott bewahre, keineswegs!

Hallo

Gott zum Gruße! /
Seid gegrüßt!

Tschüss

Gehabt Euch wohl! /
Der Herr behüte Euch! Möget Ihr uns in Bälde abermals mit Eurer Anwesenheit beehren.

Mann/Freund

Recke/Gevatter/
Gesell/Kamerad

Frau/Freundin

Maid/Jungfer/
Frohwe/Frowelein

Danke

Habet Dank./
So seid bedankt.

Wie alt bist du?

Möget Ihr mir die Anzahl
Eurer Wiegenfeste verraten?

Euro

═

Taler/ Gulden/
Silberlinge

Bruder/Schwester

═

Zögling identischer Erzeuger/
Ausgeburt derselben Lebensspender/
Geschöpf gleichen Geblüts

Mama

═

Gebärerin/
Lebensspenderin

Papa

Erzeuger/ Familienoberhaupt

Wie geht's dir?

Wie steht es um Euren gegenwärtigen Gemütszustand?

Frau/Freundin

Gemahlin/Angetraute/ Lebensgefährtin/Gespons

Mann/Freund

Gemahl/
Angetrauter/
Lebensgefährte/
Begatter

Morgen

Am darauffolgenden Tage

Ich habe Bock auf …

Mir gelüstet es nach …/
Meiner Wenigkeit trachtet es nach …

Heute Abend

Zur heutigen Dämmerstund' / Zur Stund' der Sonnenneige

Ich hätte gerne ...

Man kredenze mir .../ Man offeriere meiner Wenigkeit ...

Handy

Fernsprechapparat/ schnurloses Übermittlungsinstrumentarium

Wow!

Potzblitz! /
Heureka! /
Donner und Doria!

Mit

Mitsamt

Ich will ...

Meine Wenigkeit wünscht ... /
Mich gelüstet es nach ...

Ist es okay, wenn …?

Wäre es genehm, wenn …?

Morgens/am Morgen

Zu früher Stund' /
Zum Aufstieg des Gestirns am Horizont

Abends/nachts

Zu nächtlicher Stund' /
Zur Abenddämmerung /
Zum Aufstieg des Erdmondes

Es gefällt mir.

Es vermag meiner Wenigkeit zu imponieren.

Was machst du?

Auf welche Weise gedenket Ihr Eure kostbare Zeit zu veredeln?

Was glaubst du?

Auf welcher Gesinnung basiert Eure Anschauung?

Wie heißt du?

═

So offenbaret meiner Wenigkeit den von Euren Erzeugern zugewiesenen Taufnamen.

Woher kommst du?

═

Von wannen vermöget Ihr zu stammen?

Was machst du beruflich?

═

Mit welcher von Beschwer geprägten Maloche vermöget Ihr Euer täglich Brot zu verdienen?

IM RESTAURANT

Damit Ihr Speis und Trank standesgemäß zu ordern vermöget, stattet der Lehnsherr Euch mit einigen Floskeln für die populärsten Schnabulate aus. Mittels der unten aufgeführten feudalen Sentenzen werden Euch Eure hochgeschätzten Gastwirte sowie Schankdamen Eurer favorisierten Speisegasthöfe fortan mit einem kaiserlichen Hofknicks in Empfang nehmen.

Ein Glas Wasser, bitte!

Herr Ober, so reichet meiner Wenigkeit einen mit H_2O befüllten Krug!

Ein Apfelschorle, bitte!

Werte Schankdame, so bringet mir einen Trunk bestehend aus Sammelbalgfrüchten fluider Natur, im Gleichmaß versetzt mit kohlensäurehaltigem H_2O!

Red Bull

Vom roten Bullen gebrandmarkter Trunk vitalisierender Wirkung

---

Bier

Mit einem Hopfenstoß angereicherter Trunk prickelnder Natur

Radler trinken

Den Zustand akuter Unterhopfung mittels eines mit Gebräu aus Gerste und Hopfen und dem Saft von Zitronen gefüllten Humpens beheben

Rülpsen

Des Magens geschwinde Entlüftung durch den Kehlraum

Kneipe

Schankstube für seelentröstende Kehlenbefeuchtung

Gesalzene Chips

Des Adels mit weißem Gold angereicherte Tartuffelschnitzel

Brötchen

Kleingebäck zirkularer Formung auf Weizenmehlbasis

Croissant

Frankoromanisches Plundergebäck

Nutella

Gaumenbalsam auf Schalenobst-Noisette-Basis

Smoothie

Obsterzeugnis passierter Konsistenz

Matcha Latte

Gemahlener Grüntee versetzt mit Eutersekret der Bovinae

Kakao

Erhitztes, aus dem Melkvorgang des Rindgetiers gewonnenes Fluid, verrührt mit den fermentierten Samen des Kakaogewächses

Brezel

Mit salinischem Kristall besetztes Gebildbrot auf Laugenbasis

---

Meeresfrüchtesalat

Des Ozeans Allerlei

Fischstäbchen

Entgrätetes Meeresgetier im Panadenmantel

Bratwurst

In Darm gepresstes Gebrät vom Borstenvieh

Kartoffelbrei

Erdknollenpotpourri

Ich hätte gerne ein Bier.

Meine Wenigkeit wünschet ein Hopfensüppchen höchstmöglichen Kältegrades.

Eine Flasche Weißwein, bitte!

Hört, hört! Hiermit ordert meine Wenigkeit eine gläserne Bouteille vergorenen Rebensafts weißlicher Couleur!

Spaghetti Bolognese

Gegarte Hartweizengrieß-Bändchen, begossen mit einer gustiösen Tunke aus Paradeisäpfeln und gewolftem Weiderind nach norditalienischer Rezeptur

Zu Vino sag ich nie no!

Einem Trunk aus vergorenem Beerenmost vermag meine Wenigkeit sich nie und nimmer zu verweigern.

Eine Pizza Hawaii, bitte!

Meiner Wenigkeit gelüstet es nach einem flach gebackenen Hefeschnabulat mediterranen Ursprungs, beträufelt mit nachtschattigen Schmieralien sowie Stücken hawaiianischer Tropenfrucht.

Raus hier, Sie haben ab jetzt Hausverbot!

=

Hinfort mit Euch, und waget es nicht,
Euer ehrloses Haupt ein zweites Mal
in die Mauern meines Speisegasthofs zu
bewegen!

Eine Pommes rot-weiß, bitte!

=

Verzeihet, werte Servierdame, so kredenzet
meiner Wenigkeit eine Portion Potatenschnitz
nebst angedickter Mischtunke,
welche aus einer Emulsion von Speiseöl,
Eidotter und Paradeisern besteht.

Der Döner schmeckt gut.

*Welch außerordentlich mundender,
mit Rotationshammel befüllter Trapezfladen
anatolischen Ursprungs.*

Dönerbox

Osmanischer Gulaschkanister

Döner mit Knoblauchsoße

*Meisterlich gehäckselter Junghammel, am
Rotationsrost gebraten, serviert im Flachteigmantel,
mit schmackhaftem Allium-Sativum-Jus*

Lahmacun

Kreisrundes Rollfladengebäck,
beträufelt mit einer würzigen Mixtur
aus Gehäck vom Hornvieh,
würfelartigen Zipollen
sowie Paradeisern

Ayran

Anatolischer Schaumtrank,
bestehend aus verdicktem Eutersekret
des Rindviehs, verrührt mit H_2O sowie
einer Prise salinischen Kristalls

Wiener Schnitzel

Aus dem Kalbsschlegel gewonnenes Gargut nach Art der österreichischen Hauptstadt, welches, platt gewalzt und umhüllt von goldgelbem Panat, verzehrt wird

---

Cheeseburger

Schnellschnabulat, bestehend aus einem aromatischen Bratklops vom Rindvieh, welches in Käselaib-Lasur und mit allerlei Gartenkraut garniert inmitten von zweierlei Landbrotschnitten seine Formvollendung findet

Burger King

Schnellschnabulatsgasthof im Namen des Königs der Bratklopsstullen

Die Rechnung, bitte!

So reichet meiner solventen Wenigkeit augenblicks die Faktura!

Auf dein Nacken.

Das Berappen der gegenwärtigen Schuld möge Eurer Geldkatze vergönnt sein.

Guten Appetit!

Ein gesegnetes Mahl allerseits! /
So lasset Euch die servierten Gaumenfreuden wohl schmecken!

Currywurst mit Pommes

Geschnipseltes Brät vom Borstenvieh unter Beifügung goldgelb gerösteten Erdapfel-Mikados sowie eines harmonischen Jus, bestehend aus Paradeisern und pulverisiertem Curry

Cheesecake

Schmackhaftes Genussbackwerk,
bestehend aus einem Molkereierzeugnis
fester Beschaffenheit

Sushi essen

Verköstigung mittels rouladenförmiger
Reishappen visköser Konsistenz,
gepaart mit krudem Meeresgetier unter Usus
zylindrischen Holzgedecks

Avocadotoast

Auf geschnittenem Röstbrotlaib servierte einsamige Beere einer tropischen Gehölzpflanze, welche in der Familie der Lorbeergewächse angesiedelt ist

---

Müsli-Bowl

Morgenmahl auf Basis roher Getreideflocken sowie allerlei frottierten Baumfrüchten im rundbäuchigen Gefäß

Lasagne

Kulinarische Komposition italienischen Ursprungs, bestehend aus schichtartig zubereiteten Teigplatten in einem schmackhaften Jus aus Paradeisern und meisterhaft gehäckseltem bovinischem Getier, im brennstoffbeheizten Apparat mit festem Büffeleutererzeugnis gratiniert

---

Baklava

In Glukosesirup eingelegte Blätterteigpastete, bestückt mit wohlschmeckendem Walnussgehäck vorderasiatischer Herkunft

Habt ihr auch vegane Sachen?

Vermag das Speisesortiment Eures Speisegasthofes dem Fleische, Fische und allem Milchigen und Eirigem Abholden Kost feilzubieten?

Cola

Aus der Kolanuss gewonnene Kohlensäuren-brühe mit belebender Wirkung

Aperol Spritz

Als Aperitif fungierendes Destillat bittersüßen Aromas, versetzt mit Soda-H_2O sowie Schaumwein italienischen Fabrikats

Falafel

Der arabischen Kochstube entstammende frittierte Wunderbratlinge auf Felderbsenbasis

Steak, medium gebraten

Verzehrbares Muskelgewebeerzeugnis des bovinen Schlachtviehs der mittleren Garstufe

Döner macht schöner!

Der Verzehr eines gehäckselten Rotationsbräts vom Junghammel, serviert im Flachteigmantel und schmackhaftem Allium-Sativum-Jus, vermag Euer Antlitz in gar ungeahntem Maße zu veredeln.

Eine Kugel Eis, in der Waffel

Pastenartige Gefriermasse kugelartiger Formung auf Milchrahmbasis, umhüllt von kegelförmig gerolltem Knuspergebäckstück

Könnte ich Eiswürfel haben?

=

Werte Schankdame, so reichet mir H_2O-Quader im dritten Aggregatzustande.

Wo finde ich die Toilette?

=

So verratet meiner Wenigkeit schleunigst die Marschrichtung zum nächstliegenden Donnerbalken.

Stimmt so.

Haltet ein und sehet von einer Aushändigung der Wechseltaler ab./ Heimset die restlichen Silberlinge ein und wertet es als Akt der Huldigung für Eure gar tadellosen Bedienungskünste.

Gartenparty

Botanische Festivität

IM URLAUB

Die gar erquicklichste Periode im Jahr ist die Ferialzeit. Möget Ihr Euch die Sonne auf Euer fürstliches Haupt scheinen lassen und Bäder in kunstvoll angelegten Chlor-Landschaften genehmigen. Erfrischet Euer Gemüt obendrein mit Spirituosen, und ergötzet Euch am Blick auf die endlosen Weiten des Ozeans, während Ihr allerlei Gaumenschmäusen in noblen Residenzen frönet. Damit Euch die Verbalisierung Eurer Wünsche mühelos gelingen mag, rekommandiert der Lehnsherr, Euch folgende Geistesergüsse einzuprägen.

Partyurlaub

Spirituosenodyssee in südlichen Hemisphären

Strand

Gestade

FKK-Strand

In ein Gewässer hineinragender Sandstreifen gespickt mit hüllenlosen Homines sapientes, die zur kollektiven Euter- und Donnerluntenschau invitieren

Liegen reservieren

Platzieren des zum Zwecke des Abfrottierens dienenden Textilgewebes auf dem Liegeflächengerüst

---

Lass mal in den Pool gehen.

O mein hochgeschätzter Ferialgefährte, so lasset uns vornehm in den kunstvoll angelegten Süßwasserteich hopsen.

Arschbombe

Infolge einer Kollision zwischen Glutealregion und Wasseroberfläche hervorgerufene Leerung eines kollektiven Süßwasserbeckens

Köpfer

Kunststurz mit dem Haupte voran

Poolbar

Kunstvoll angerichtete beckenartige Vertiefung mit eingebauter Schänke

---

Büfett

In Beherbergungsstätten offerierter Kredenztisch mit allerlei Gaumenschmäusen

O Mann, hab' voll den Sonnenbrand!

Sakrament noch einmal!
Meine Wenigkeit leidet an einer durch Sonnenglut hervorgerufenen Pellenrötung.

Flitterwochen

Auf die Vermählung folgende Exkursion in trauter Zweisamkeit zur Zelebrierung eines florierenden Liebesbündnisses in elysischem Ambiente

Wann müssen wir am Flughafen sein?

Zu welcher Stund' haben wir reisefreudigen Wenigkeiten im Wartebereich des Luftschiffhafens Platz zu nehmen?

Lass mal grillen.

So lasset uns zur heut'gen Dämmerstund' eine auf offener Feuersbrunst vollstreckte Röstung frischen Wildbrets vornehmen.

Lass mal Shisha rauchen, Bro.

Werter Frater, so lasset uns geschwind den Rauchflötenmechanikus unseres Vertrauens aufsuchen, denn meiner Wenigkeit gelüstet es nach einem Schmauchvorgang in heiterer Runde.

Lass mal saufen und Party machen.

Verehrte Knatterknaben, meine noble Wenigkeit verspürt den Drang nach einer durchzechten Nacht samt hochprozentiger Kehlenbefeuchtung.

Lass mal in den Urlaub fahren, Schatz!

*O meine hochgeschätzte Gemahlin,
so lasset uns während der Ferialzeit
Unterschlupf in gar fürstlichen Residenzen
an fernen Gewässern ersuchen.*

Geiles Wetter!

*Lobpreiset den Himmelsfürsten Helios,
und lasset die Hüllen zwecks Ergötzung an
jener fabelhaften Witterung fallen.*

Happy Hour

Freudetrunkene Stund' zum Erwerb wohlfeiler Spirituosenmixturen bei schmalstem Taleraufwand

---

Ballermann

Hopfengönnender Küstenstreifen germanischer Vergnügungsgruppierungen mit erhöhten Kohabitionsgelüsten

---

Bist megabraun geworden!

Welch überaus attraktivitätsbegünstigende, durch Strahlen des Tagesgestirns hervorgerufene Pellenröstung.

Sightseeing

Beäugung von der Visite würdigen Monumenten in urbanen Arealen

---

Weltreise

Globaler Erkundungsstreifzug

Familienurlaub

Feriale Kollektivergötzung mit Angetrauten und mit Ausgeburten gleichen Geblüts

Work & Travel

Prozess des Malochens zwecks Anhäufung von Silberlingen an örtlich wechselnden Wirkungsstätten

---

Ski fahren

Winterliche Leibesertüchtigung in schneegekrönten Arealen

Mietwagen

Vehikel des Treibkraftkutschenverleihs

Sonnencreme

Protektive Paste, welche durch Sonnenglut hervorgerufene Pellenrötungen im Zaume zu halten vermag

---

Wellness

Selbstfürsorgende Heilbehandlung in Erholungseinrichtungen, welche der Rekreation des Leibes- und Seelenwohls dient

---

Luxushotel

Noble Prachtentfaltung in mondänen Residenzen

Fußball spielen

Der leibesertüchtigenden Disziplin des kreisrunden Leders nachgehen

---

Eimer Sangria

Der Gruppenbezechung dienendes Volumenmaß zylindrischer Formung, welches als Schankgefäß für aromatisierten Weinmischtrunk hispanoamerikanischen Ursprungs Gebrauch findet

DATING UND ANMACHE

Obacht, werte von Wollust getriebene Hofnarren und Maiden! Die nachstehenden Sentenzen vermögen Euren Triumph der Verführung beim jeweils anderen Geschlecht in gar ungeahntem Maße zu potenzieren! Spitzet Eure Horcher, denn der Lehnsherr lehret Euch in diesem Kapitel, wie Ihr aphrodisierende Botschaften in feudaler Manier formulieren möget, wenn Ihr den anderen den Hof macht! So sicheret Euch unter Anwendung von schmeichelnden Lobpreisungssentenzen die Kennzifferkombination des Fernsprechapparats Eures Schwarmes, oder imponieret Eurer Herzensdame oder Eurem Herzensmann mit einer vornehmen Invitation zu einem erhitzten Bohnensud. Gewiss wollen äußerst lüsterne Individuen ferner mit vortrefflichen Verbalisierungen in puncto Vollführung des Beischlafs gewappnet werden. Wohlan! Auf zu neuen Taten, werte Grazien und Charmeure!

Flirten

Beminnen

Ich liebe dich.

Meine Wenigkeit hegt zärtliche Gefühle
für Euch, entzückende Herzensdame!
In der Nähe Eures zauberhaften Antlitzes
gerät meine Wenigkeit in Wallung.

Du hast schöne Augen.

Horchet her, o liebreizende Maid. Hiermit lobet meine Wenigkeit Eure gar zauberhaften der Wahrnehmung von Lichtreizen dienenden Sinnesorgane!

Du hast ein schönes Lächeln.

Grundgütiger! Eure durch ergötzliche Gefühlseindrücke unwillkürlich hervorgerufene Ausgleichsreaktion durch in Kontraktion versetzte Gesichtsmuskeln vermag meiner Wenigkeit außerordentlich zu imponieren.

Lass uns kuscheln, Schatz!

Herr Gemahl, meiner Wenigkeit gelüstet es nach einer sachten Liebkosung.

Bist du Single?

Holdes Frowelein, verzeihet vielmals die ungestüme Erkundigung: Möget Ihr mir Unbeweibtem kundtun, ob Ihr ebenfalls unverehelicht seid?

Gib mal deine Nummer.

Dürfte ich höflichst die Kennzifferkombination Eures Fernsprechapparats erbitten?

Hättest du Zeit,
heute Abend mit mir ins Kino zu gehen?

Eine gemeinsame Visite des örtlichen Lichtspieltheaters würde meiner Wenigkeit gar vorzüglich behagen. Vermöget Ihr zur heutigen Abendstund' ein Quäntchen Eurer kostbaren Zeit für die Anschauung eines Bewegtbildstreifens zu entbehren?

Dein Hintern gefällt mir.

O welch verblüffend symmetrische Komposition Eurer entzückend geformten Afterballen

One-Night-Stand

Beischlaf zweier von Wolllust getriebener Individuen zu nächtlicher Stund', welche einmalig bleibet sowie von absenter Beziehungsintention geprägt ist

---

Darf ich dich auf einen Kaffee einladen?

Dürfte meine Wenigkeit Euch wackeren Recken zu einem erhitzten Bohnensud der Gattung Arabica invitieren?

Darf ich dich auf einen Drink einladen?

So folget meiner Invitation und träufelt Euch ein eisgekühltes Spirituosengemisch, für dessen Saldierung das Portjuchhe meiner Wenigkeit aufkommt, ein!

Side Chick

Eine unwiderstehliche Nebenbuhlerin untergeordneter Priorität, welche dank permanenter Lüsternheit gegenüber treubrüchigen Mannspersonen für Amouren kurzer Dauer taugt

Fuckboy

Ein von Wolllust getriebener Vagabund, welcher sich tagein, tagaus auf die Jagd nach Kohabitationsgelegenheiten begibt und der Gefühlslage seiner Konkubinen mit gekonnter Ignoranz begegnet

---

Date-Night

Romantisierendes Nachtmahl zweier paarungswilliger Geschöpfe

Willst du mich heiraten?

So verratet meiner Wenigkeit, ob Ihr den ewigen Bund der Ehe schließen wollet.

Bock auf Sex?

Wertes Objekt der Begierde, spüret Ihr ein ebenso hochgradiges Verlangen nach der Vollführung des Beischlafs?

Zieh dich aus!

Entblößet Euch!

Zungenkuss

Oraler Körperkontakt zweier von Lüsternheit getriebener Kreaturen, welcher sich durch eine harmonische Kollision der beweglichen Organe innerhalb der Mundhöhle auszeichnet

---

Steck ihn rein.

Werter Edelmann, so tauchet Euren Phallus in die vor Fleischeslust triefende Lustgrotte meiner Wenigkeit!

Selbstbefriedigung des Mannes

Manuelle Politur der Zauberflöte mit samenhafter Konklusio

Selbstbefriedigung der Frau

Quotidiane Selbstbeglückung durch Lustgrottenhobelei

Hast du ein Kondom dabei?

Führet Ihr eine Kautschukhaube für geschwollene Penetrationsgefechtskolben mit?

Nimmst du die Pille?

Werte Frohwe, so teilet meiner Wenigkeit mit, ob Ihr Euch die abkömmlinghemmende Pastille turnusmäßig einverleibt.

Willst du Kinder?

Gedenkt Ihr nachkommendem Gezücht das Licht des Globus erblicken zu lassen?

Penis

Donnerlunte/Penetrationsgefechtskolben/Vermehrungsstachel/Jadestab

Vagina

Wurstschacht, Lustgrotte, Schatzkammer

Verlobungsring

Des ewigen Liebesbündnisses symbolischer Fingerreif

Heiratsantrag

Um die Hand der Angebetenen anhalten, obgleich dies dem Junggesellendasein ein jähes End' bereitet

Hochzeitstag

Des Ehebündnisses Jährung

Candle-Light-Dinner

Romantisierendes Nachtmahl zweier schwärmerischer Gemüter, welches sich unter Kerzenschein zu ereignen vermag

IN DER SCHULE

Euch trachtet es nach einer gar ruhmreichen Vormachtstellung in der Bildungsstätte – auf dem Hofe wie im Lehrsaal? So sei es! In diesem Kapitel sollet Ihr eine pädagogische Züchtigung erfahren. Sehet und staunet – in just gleicher Manier wie Euer Lehrmeister, welcher in Anbetracht Eurer feudalen Künste gar himmelhoch jauchzen möge.

Lehrer

—

Wissen vermittelnde Instanz

Unterricht

—

Lektion

Ich habe meine Hausaufgaben vergessen.

—

Die Erledigung der scholastischen Heimarbeit ist meiner Wenigkeit glatt entfallen.

Ich beende den Unterricht.

Horchet her, Schar ungehobelter Zöglinge! Die Lektion wird kraft des Machtworts meiner Obrigkeit besiegelt.

Darf ich aufs Klo?

Werter Lehrmeister, möget Ihr meiner Wenigkeit den Gang zum Abort zwecks innerer Erleichterung gewähren?

Das Schulgelände verlassen

Territoriale Abkehr von der Bildungsstätte

Nachsitzen

Pädagogische Einkerkerung unartiger Zöglinge zwecks Verbüßung ihrer Flegelhaftigkeiten

---

Ich bin sitzen geblieben.

Meine Wenigkeit vermag zum wiederholten Male in selbiger Jahrgangsstufe zu verharren.

Ich habe verschlafen.

Mich deucht, die Schlafbedürftigkeit meiner Wenigkeit vermag sich nicht mit dem Auftakt der Lektion zu vereinbaren.

Ich habe den Bus verpasst.

=

Meine Wenigkeit versäumte die rechtzeitige Besteigung der Kraftdroschke.

Sorry, ich habe mein Heft vergessen.

=

Verzeihet, werter Lehrmeister, aber meine Wenigkeit vergaß jene mit Einband versehene Pergamentheftung.

Hast du einen Stift für mich?

=

Werter Kamerad, möget Ihr meiner Wenigkeit eine Feder borgen?

Hast du ein Blatt für mich?

Man reiche meiner Wenigkeit einen Fetzen Pergament.

Schule schwänzen

Wegen Aversion gegenüber der Bildungsstätte vorsätzliche Absenz

---

Hitzefrei

Beendigung intelligenzfördernder Lektionen der flirrenden Hitze wegen

Ihr bekommt keine Hausaufgaben.

Werte Plagegeister, so zelebriert die frohe Kunde ausbleibender Heimarbeit.

Kein Bock auf Mathe!

Meine Wenigkeit vermag der Rechenkunde in bloß geringstem Maße geneigt zu sein.

Deine mündliche Mitarbeit ist schlecht.

Eure ungenügende orale Partizipation erweckt den Anschein eines ausgehöhlten Hauptes.

Wir schreiben heute einen Test.

Hochgeschätzte Schar der Wissbegierigen, so zücket die Federn, denn Eurem Erstaunen zum Trotze ereignet sich heutigentags eine Lernerfolgskontrolle.

Ich breche die Schule ab.

Hiermit überbringt meine Wenigkeit die Kunde der Kapitulation und nunmehr fortwährenden Ergötzung an ausgiebiger Konsolentätigkeit.

Kann ich bei dir abschreiben?

Werter Kamerad, meine Wenigkeit ist willens, Eure Lösungsansätze zu plagiieren. Seid so gnädig und gewähret mir einen hurtigen Blick auf Eure geistigen Ergüsse.

Es wird kein Kaugummi gekaut!

So schwöret eilends jenem Genuss der aromatisierten Kaumasse ab und entledigt Euren Rachenraum von selbiger.

Lüge

Vergiftete Sentenzen zur Verhinderung von Ungemach

BEI DER ARBEIT

Dies vermag eine Widmung an alle treugesinnten Trabanten zu sein, welche ihre quotidiane Broterwerbstätigkeit zur gar vollsten Zufriedenheit ihres ausbeuterischen Dienstherrn auszuführen vermögen, jedoch nie und nimmer wertschätzende Lobpreisungen zu Ohren bekommen. Wehret der Ausbeuterei, und adressieret Euren gehegten Groll! Mit jenen eleganten Verbalisierungen vermöget Ihr Eure Knechtschaft in galanter Manier dem Hohne preiszugeben und mitunter die Entlohnung für Eure tägliche Mühsal in angemessenem Maße zu erheben.

Ich hab' keinen Bock auf Arbeit.

Die Verrichtung des alltäglichen Broterwerbs erfüllet mich mit Missbehagen.

Kann ich heute früher gehen, Chef?

Edelster Lehnsherr, sei es meiner Wenigkeit gestattet, mein Tagewerk heute zu früherer Stund' niederzulegen?

Chef, ich bin krank und komme heute nicht zur Arbeit.

Werter Dienstherr, meine bettlägerige Wenigkeit vermag Euch die Kunde zu übermitteln, dass Euer ergebener Trabant des ausbeuterischen Tagewerks zum heutigen Tage fernzubleiben hat.

Kannst du heute länger bleiben?

Treugesinnter Lakai, meine Hoheit diktiert Dir hiermit die Verrichtung von Fronarbeit offenen Endes.

Zigarettenpause

Unterbrechung der Broterwerbstätigkeit zwecks Konsums nikotinhaltiger Tabakgenusserzeugnisse

---

Ich hasse Montage!

Dem Wochenauftakt tritt meine Wenigkeit mit Groll und Abscheu entgegen!

Endlich Freitag!

Heureka! Das Tagewerk sei vollbracht. So stürzet Euch voll Inbrunst in Eure wohlverdienten Mußestunden.

Heute geh' ich steil.

Am heutigen Tage verläufet mein Gemütszustand orthogonal.

Beim Wecker die Schlummertaste drücken

Zugeständnis einer Galgenfrist des eigenen Dämmerzustands mittels Umkalibrierung der Signalklangapparatur

Schönes Wochenende!

Möget Ihr die Neige dieser Kalenderwoche gar ungezügelt zelebrieren.

Hab' einen Zahnarzttermin und komme später.

Euer ergebener Diener stattet dem Maulmedikus zu früher Stund' einen Besuch ab und vermag der Broterwerbstätigkeit erst mit zeitlichem Verzug beizuwohnen.

Hab' den Zug verpasst.

Verzeihet vielmals den Verzug meiner Ankunft! Meine Wenigkeit verfehlte den Waggon des Schienenfuhrwerks.

Stehe im Stau.

=

Meine Wenigkeit verharrt inmitten eines Treibkraftkutschengemenges.

Lass uns einen Call ausmachen.

=

So terminieret ein fernmündliches Zwiegespräch.

Überstunden abbauen

=

Mit Kontroversen einhergehende Verringerung der Ausbeuterei

Eine Mail schreiben

═

Elektronische Übermittlung einer textuellen Kunde

Ich möchte eine Gehaltserhöhung.

═

Von Geiz getriebener Lehnsherr, hebet geschwind die Löhnung der alltäglichen Mühsal an.

Feierabendbier

═

Hopfensüppchen höchstmöglichen Kältegrades, serviert in krugartigem Trinkgefäß zur Stund' des Ausklangs der Broterwerbstätigkeit

Kein Bock auf meinen Chef!

Das Antlitz meines Lehnsherrn lässt meine Wenigkeit gar schwallartig vomitieren.

Ich kündige!

So möget Ihr Euer Knie begatten,
denn meine Wenigkeit ist willens,
die hiesige Broterwerbstätigkeit stante
pede zu quittieren!

IM BAD

Auch der tägliche Gang ins Lavoir möchte feudalen Gepflogenheiten gerecht werden. Ob Jätung Eurer Supercilia, die Bürstung Eurer Kauapparatur oder die rektale Erleichterung – fortan vermöget Ihr simple Pflegeroutinen mit linguistischem Genie darzulegen!

Ich muss duschen.

Ein gar scheußlich Odeur quält meinen Riechkolben, drum möge meine Wenigkeit geschwind das Lavoir zwecks Waschung meines Korpus aufsuchen.

Zähne putzen

Quotidiane Bürstung der Kauapparatur, welche der Prophylaxe degoutanter Rachenpest dient

Bart rasieren

═

Depilation des Gesichtshaarbewuchses

Seiten auf 0!

═

Den seitlichen Schopf bitte auf Koordinatenursprung kürzen.

Ich muss aufs Klo.

═

Meine Wenigkeit verspürt den urgenten Drang, sich via Rektum zu entleeren.

Pupsen

Leibwindentweichung miserablen Odeurs

Pinkeln

Harnausscheidung

Zahnpasta

Pastöses Pflegemittel, welches die Kauleiste konserviert

Schnurrbart

=

Oberlippengardine

Augenbrauen zupfen

=

Jätung der Supercilia

Schminken

=

Dekorativer Pinselvorgang unter Zuhilfenahme von Substanzen der Gattung Kosmetika zwecks Verzierung des eigenen Antlitzes

Haare trocknen

Des Schopfes Abfrottierung

Nase putzen

Des sulzigen Nasensekrets Beseitigung

Fake-Wimpern

Lidhärchenfalsifikat

Haare stylen

Der Haartracht Zementierung

Parfum

Dem Wohlgeruch dienendes Sprühliquid

Deo

Auf die Achselmulde aufzutragendes Reinheitsgut körperausdünstungshemmender Wirkung

Fingernägel lackieren

Kolorierung der Abkömmlinge der Epidermis

Morgenlatte

Donnerlunt' zur Morgenstund'

IM CLUB

Freudtrunkene Maiden und bezechte Schürzenjäger! Dem Lehnsherrn vermag es ein Anliegen von eminenter Bedeutung zu sein, Euch mit reichlich Vokabularium für Eure anstehenden Festakte zur Dämmerstund' auszustatten. In Bälde möget Ihr befähigt sein, Eure favorisierten Spirituosenmixturen in gar adligem Duktus zu ordern und Euch fortan bei ausartenden Gaumenduschvorgängen der linguistischen Galanterie zu bedienen.

Bock auf Club?

Sehnet Ihr Euch ebenfalls nach nächtlicher Einkehr in die örtliche Lokalität für Schalldruckunterhaltung und Tanzbeinschwingung?

Lass mal einen saufen!

Meiner Wenigkeit gelüstet es nach hochprozentigen Gaumenduschen!

Ich hab' voll den Kater.

Treue Leidensgenossen, meine Wenigkeit leidet an postalkoholischem Missbehagen.

Ladies Night

Nacht der Maiden, welche Spirituosengenuss für kleinen Taleraufwand begrüßen

---

Türsteher

Breitschultriger Pfortenhüter, welcher unerwünschten Individuen den Zutritt ins Tanzlokal zu verwehren vermag

Bier trinken

Eine Hopfengönnung vornehmen

Wein trinken

Vergorenen Rebensaft kredenzen

Einen Shot trinken

Vollziehung eines Sturztrunks ethanolhaltigen Liquids aus einem kleinformatigen Trinkgefäß gläserner Substanz

Wodka Energy

Kehlenglück aus Getreidedestillat und belebendem Trunk auf Taurinbasis nach slawischer Art

---

Tequila mit Salz und Zitrone

Lateinamerikanischer Trunk, bestehend aus vergorenem Erzeugnis der blauen Agave mitsamt salinischem Kristall und einer Zedernapfelschnitte

Whiskey Cola

Im Holzfass gereifte Getreidemaische, welche versetzt mit aus der Kolanuss gewonnener Kohlensäurebrühe ihre Vollendung findet

---

Sex on the Beach

Genitalfusion am Sandstreifengewässer

Gras rauchen

Lachtabakgönnung in Form eines berauschenden Vergnügungskolbens pflanzlichen Ursprungs

Trinkspiel

Turnier zur Verhinderung der Kehlenverdorrung

Kotzen

Vomitieren

Ich bin so besoffen.

Meine Wenigkeit vermag reichlich bezecht zu sein.

Entzündet den Tornado!

Noble Trinkgefährten, hiermit erteilt der Lehnsherr eine belangreiche Direktive: Jene Verrichtung der quotidianen Kehlenbefeuchtung möge per Sturztrunk, welcher gar lodernder Feuersbrunst sowie dem bei Aufruhr der Elemente auftretenden Witterungsextrem einer Großtrombe ähnelt, zelebriert werden!

Ich geb 'ne Shot-Runde aus!

Für das kommende Sturztrunktablett kommt das Portjuchhe meiner Wenigkeit auf!

Lass mal eine rauchen!

So lasset uns ein Tabakerzeugnis zylindrischer Bauweise schmöken.

Shisha

Etablissement für H_2O-betriebene Schmauchapparaturen orientalischer Provenienz

Bring mal neue Kohle, Brudi.

Werter Rauchflöten-Mechanikus, so bringet meiner Wenigkeit geschwind Nachschub zwecks Unterbindung der dahinschwindenden Qualmentwicklung meiner orientalischen Schmauchapparatur.

Wann Bubatz legal?

Edler Landesvater Olaf! Möge Eure adlige Hoheit dem gemeinen Pöbel augenblicks den Zeitpunkt für die Verabschiedung des Lachtabak-Dekrets verraten?

Twerken

Rhythmische Schwingung wohlgeformter Afterballen

Von hinten antanzen

Vergnügungsbewegungsform wollüstiger Burschen, welche sich durch die stillschweigende Herantastung an die rückseitige Unterrumpfregion tanzbeinschwingender Maiden auszeichnet

DJ ist so kacke heute.

Der tonkunstbeauftragte Schallplattenmeister vermag zur heut'gen Dämmerstunde bloß einer Darmausscheidung ähnelnde Schalldruckunterhaltung zu bieten.

Ich brech' dir die Nase!

Meine Wenigkeit vermag Euch Euren Riechkolben zu entzweien!

Respektschelle

Schwungvolle Verübung eines schallenden Wangenstreiches unter Inanspruchnahme des waagerecht positionierten Greiforgans zum primären Zwecke der Respekteinflößung garstiger Flegel

---

Die Musik ist zu laut.

Welch die Horcher meiner Wenigkeit elendig betäubende Tonschöpfung!

Die dahinten sieht sexy aus.

Sehet, sehet, welch erotisierende Maid!

Der Boy ist so cute.

Potzblitz! Jener begehrenswerte Galan vermag meine Sinne zu betören!

Party-Outfit

Des Festaktes adrette Couture

Der Abend war so wild!

Der Verlauf der hochprozentigen Gaumenduschen zur gestrigen Dämmerstund' versetzt meine Wenigkeit retrospektiv in frohe Ekstase!

Lass noch 'ne Wodka-Flasche holen.

Werte Herde, lasset uns entgeltlich ein weiteres gläsernes Gefäß jenes Getreidedestillats sowjetischer Abstammung erwerben.

Lass mal in die VIP-Lounge gehen.

Freudetrunkene Zeitgenossen, so schreitet in jenes vom biederen Gesindel separierte Areal, welches einen reputablen Rang zu demonstrieren vermag und der lüsternen Dorfmetzen Köder ist.

Du bist so ein Playboy!

Welch Kavalier! Mich deucht, Ihr vermöget gar ein Dirnenmagnet zu sein!

Wie viele Follower hast du?

Meine Teuerste, dürfte ich die Mengenanzahl Eurer Gefolgsleut' in jenem Forum der schnurlosen Parallelwelt erfragen?

Bock auf 'nen Quickie?

Edle Jungfer, so folget meiner Wenigkeit ungeniert in die sanitären Etablissements und kredenzet mir die Ehre einer flüchtigen Kohabitationsgelegenheit.

Ich bin pleite, Jungs!

Horchet her, begüterte Gefährten privilegierter Schichten! Meine illiquide Wenigkeit leidet unter akutem Talerschwund. So möge Euer wohlgefülltes Portjuchhe für das Zechgelage der heut'gen Dämmerstund' aufkommen.

Hab' einen Lachflash, Brudi!

Wohlgenährte Ausgeburt derselben Lebensspenderin, meine Wenigkeit erleidet einen Bespöttlungsanfall vehementer Natur, welcher just eine Lachurinatsentrinnung entfacht.

BEIM SHOPPEN

Hört, hört! Dieses Kapitel vermag Eure Horchlappen in gar frohmütige Ekstase zu versetzen. Denn der Lehnsherr mochte keine Mühsal scheuen, um Euren Textilerwerbsakt und die Erspähung wohlfeiler Offerten mittels feudalisierter Passagen zu einer erquicklichen poetischen Sternstunde zu verschönigen. Nun leeret Euer Portjuchhe und widmet Euch der Ergatterung von edlen Roben nach neuester Fasson!

Bock auf Shoppen?

So offenbaret meiner kauftriebigen Wenigkeit, ob es Euch ebenfalls nach einem vortrefflichen, der Garderobe schmeichelnden Textilerwerbsakt trachtet.

Die Lederjacke sieht mega aus.

Welch außerordentlich edler gegerbter Tierhautveston.

Coole Jeans!

Eure indigofarbene Niethose, bestehend aus körperbindigem Baumwollstoff, vermag dem modischen Zeitgeist zu entsprechen!

Hoodie

Haubenpullunder

Black Friday

Den Talerbeutel leerender, sprichwörtlich nachtfarbener Kalendertag zur Neige der Woche, von wohlfeilen Offerten gespickt

Woher hast du die Sneaker?

So verratet meiner Wenigkeit flugs die Erwerbslokalität dieses der Fußbesohlung dienenden Prunkstücks.

Was für ein schönes Kleid!

Erlaubet meiner Wenigkeit die Freiheit, Eure hoheitsvolle Frauentracht zu rühmen.

Ich brauche ein Winterjacke.

Verzeihet, werte Textilerwerbsfachkraft, möget Ihr meiner Wenigkeit angesichts arktischen Unwetters Eure erlesene Auswahl wattierter Gewänder darreichen?

Hab' kein Geld fürs Shoppen,
brauche daher 'nen Sugardaddy!

Meine illiquide Wenigkeit leidet unter akutem Talerschwund. So schaffet mir einen betagten Greis mit üppig befülltem Portjuchhe herbei, welcher meinen Trieben nach edler Gewandung Befriedigung zu verschaffen vermag!

High Heels

Der noblen Maid hochhackige Fußbesohlung

Das ist mir zu teuer!

Hinfort mit Euch, von Habgier getriebener Kaufmann! Mich deucht, Eure kostenträchtigen Offerten vermögen das Portjuchhe meiner Wenigkeit in gar ungeahntem Ausmaß zu belasten!

Der Anzug sitzt mega!

Horchet her, nobler Kavalier! Euer Zwirn vermag von gar maßgeschneiderter Fasson zu sein.

BH

Der Oberweite Haltevorrichtung

Ich feier' deine Bomberjacke!

Meiner Wenigkeit imponiert Eure wattierte Steppjacke, welche dem Militärkleid wehrdienstleistender Heeresflieger gleicht.

Ich möchte die Regenjacke anprobieren.

So geleitet meine Wenigkeit ins Anprobegemach Eurer Lokalität, wo ich den Sitz einer der Niederschlagsprotektion dienenden Pelerine an meinem Körper zu betrachten suche.

Mütze

Frostprotektionshaube

Birkenstocks

Atmende Pantolette germanischer Musterburschen

Fashion-Ikone

Modische Galionsfigur

Dein Outfit sieht Hammer aus!

Die höchst adrett kombinierte Aufmachung Eures Dresses vermag der Schlagkraft eines Werkzeugklöppels zu gleichen!

BEIM SPORT

Auch die Linguistik um leibesertüchtigende Individual- und Mannschaftssportarten mag gelernt sein. Die Kunstsilben dieses Kapitels vermögen Euch in kameradschaftlichen Ankleidegemächern Admiration und hochachtungsvolle Huldigung bescheren. So füget folgende Satzpartikel in Euren Wortbestand ein, und es sei Euch versichert, dass Ihr unter Einsatz jener gar famosen Verbalisierungen aus jeglicher Aktions- und Wettkampfkunst als eloquenter Held hervorzugehen vermöget.

Lass mal Fußball spielen.

So lasset uns jene Ballsportdisziplin ausüben, welche die famose Unterbringung des kreisrunden Leders in der Aluminiumpforte des Kontrahenten forciert.

Lass mal trainieren gehen.

Verehrter Schmächtling, so schließet Euch meiner alltäglichen Routine der Schwerathletik an.

Kommst du mit ins Gym, Bro?

Werter Schicksalsgenosse,
möget Ihr meine Wenigkeit in die
Leibesertüchtigungsstätte geleiten?

Joggen

Von Beharrlichkeit geprägte Fortbewegung
per pedes

Wie viel drückst du?

So offenbaret meiner Wenigkeit die
Zentneranzahl, welche Ihr kraft Eurer oberen
Extremitäten emporzustemmen vermöget.

Golfspiel

Des Adels Individualsport, welcher auf die Versenkung des aus Hartgummikern bestehenden Spielgeräts in gar winzige Rasenmulden abzielt

---

Basketball

Mannschaftsertüchtigung, welche sich zwischen wurfkorblegenden Hünengestalten zuvörderst in Hallenbauten zuträgt

---

»Tor!«

»Des Balles Rund, gefangen in Maschen!«

Ski fahren

Winterliche Leibesertüchtigung in schneegekrönten Arealen

Bock auf Bowling?

Trachtet es Euch nach einer Partie jenes Präzisionssports, welcher die auf rotierende Art vorgenommene Niederstoßung von Kegelformationen erstrebt?

Dartspiel

Der Fingerartistik zugehörige Zielschießkunst, welche man mittels Wurfgeschossen auf eine zirkularförmige Scheibe praktiziere

---

Reiten

Auf des feurigen Galoppers Kreuze verrichtete Wettkampfertüchtigung

Eishockey

Stockballspiel, welches sich auf kunstvoll angerichteten H_2O-Arealen des dritten Aggregatzustands zutragen mag und nach der Versenkung des Spielgerätes in gegnerischen Maschen trachtet

Fechten

Klirrendes Säbelkreuzen

Lass mal Formel 1 gucken.

Werter Kompagnon, möget Ihr die Fernbildapparatur zwecks Ergötzung an motorisierten Wettfahrten in Betrieb nehmen?

Fahrrad fahren

Zweiradrige Stahlrösser per im Kreise schreitenden pedes in Bewegung setzen

---

Inliner

Mit Rollenmontur versehene Fußbesohlung

Kickboxen

Kombinationskampfkunst aus gar argen Tritten sowie Hieben fäustlicher Natur

Surfen

Akrobatische Wellenkavallerie in luftströmungsstarken Küstenarealen unter Usus einer Gehölzplanke

Schwanzvergleich unter der Dusche

Evaluation der Mannbarkeit zweier Kontrahenten mittels Eruierung der horizontalen Weitschweifigkeit ihrer Penetrationsgefechtsbolzen im wohligen Schauer der Reinigungsfontänen

---

Bierbauch

Gerstensaftwölbung

JUGENDWÖRTER UND -PHRASEN

Mit schier untröstlichem Bedauern vermochte der Lehnsherr dieses Kapitel im Hinblick auf die missliche Entwicklung der Sprache des modernen Zeitalters niederzuschreiben. Des Jungvolks Anglizismen vermögen eine gar unverzeihliche Verunglimpfung der gehobenen Feudalkunst darzustellen, welche einer Malträtierung gleicht. An jene in ihrer Jugendblüte befindlichen Recken und Maiden: Der großmütige Lehnsherr übt die Gunst der Vergebung und steigt just für Euch von seinem adligen Ross. Nun spitzet Eure Lauschlappen und substituieret Eure niederen Verbalisierungen durch von fürstlicher Eloquenz geprägte Formulierungen.

Ich küss' deine Augen.

Ich schnäbele Eure Sehorgane.

Bro/Digga/Bre

Edler Recke/
Werter Anverwandter/
Recke wohlbeleibter Natur

Cringe

Durch unerquickliche Geschehnisse
hervorgerufene peinsame Gemütsbewegung

Heute geht auf mein Nacken.

Für jegliche Saldierung von Speis und Trank kommet die dorsale Halsregion meiner Wenigkeit auf.

Ehrenmann

Allseits hochgeschätzter Grandseigneur, dessen selbstlose Taten Huldigung verdienen

Mach kein Auge.

Wendet Euren argwöhnischen Blick von meiner Wenigkeit ab, und ersticket Eure von Scheelsucht geprägte Emotion im Keime.

Ich schwöre auf meine Mutter.

So schenke meiner Narration Glaube, denn ich beeide sie im Namen meiner Gebärerin.

Wild

Von ungezügeltem Enthusiasmus geprägt

Macher

Individuum schöpferischer Natur

Bodenlos

Die adlige Etikette missachtend

Slay

Vor Selbstherrlichkeit blühender Erdenbürger

Sus

Betragen obskurer Natur von zumeist zwielichtig wirkenden Individuen

---

Sheesh!

Donner und Doria – welch erstaunliche Begebenheit!

Lost

Hochgradig konfus/
Geistig umnachtet

Läuft bei dir!

Ihr erweckt den Anschein, als wandele das Glück stets an Eurer Seite.

No front!

*Bitte um Begnadigung:
Die getätigte Verbalisierung vonseiten meiner Wenigkeit vermochte keineswegs eine mit Bedacht intendierte Schmähung Eurer Person zu sein.*

Alman

Mustergültiger Germane, welcher in den Gepflogenheiten seines Vaterlandes ohne Fehl und Tadel bewandert zu sein vermag

Gönnjamin

Von Spendierfreude getriebene Gewährung herzerquickender Günste

BELEIDIGUNGEN UND BESCHIMPFUNGEN

Diffamierungen, Schmähungen sowie Verunglimpfungen vermögen in feudaler Manier gar vorzüglich zu klingen. Füget folgende Satzpartikeln in Euren Wortbestand ein, und es sei Euch versichert, dass Ihr unter Einsatz jener gar famosen Verbalisierungen aus jeglichen Fehden und Querelen als eloquenter Held und mitunter mit zwei bläulichen Augen hervorzugehen vermöget.

Hurensohn

Garstiger Dirnenspross/ Nachkömmling einer Entsamungsfachkraft

---

Arschloch

Der Rektalmulde ähnelnde Ausgeburt

Halt die Fresse!

Hütet Eure listige Zunge!

Halt dein Maul!

So sehet augenblicks von einer Inbetriebnahme Eures Mundwerks ab!

Bastard

Abkömmling unverheirateter Erzeuger

Idiot

Mit einem Vakuumkopf gesegneter Narr

Bist du dumm?

Gesell niedrigen Intellekts! Mich deucht, Eure Geistesgaben vermögen mit jenen eines Brotlaibs zu kongruieren.

Geh mir nicht auf den Sack!

Lästiger Plagegeist, so sehet augenblicks von der Strapazierung meiner Samenbehältnisse ab.

Verpiss dich!

Urinieret Euch hinfort!

Laber keine Scheiße!

*So möget Ihr Eure Sentenzen,
welche einer üppigen Ladung Dejekt gleichen,
schleunigst unterlassen!*

Hundesohn

Der Töle garstiger Abkömmling

Wichser

Manuell Hobelnder

Arschgeige

Des Rektums Violine

Schlappschwanz

Ermattete Penetrationslanze

Lauch

=

Schmalschultriger Recke

Bist du blöd, Alter?

=

Törichter Narr betagter Natur!

Du kleiner 31er!

=

Euer von Gaukelei geprägtes Blendwerk gleicht jener arglistigen Heuchelei eines Zinkers.

FILME/SERIEN/ SENDUNGEN

Werte Verehrer der Fernfunkerheiterung! So möget Ihr Euch geschwind einen Blick in das Register famoser Darbietungen der Schauspielkunst genehmigen und Euch an jenen feudalen Betitelungen bespötteln. Entsinnet Euch bei künftigen Aktivierungen Eurer Bewegtbildergerätschaften an folgende pflegliche Benamungen, die der blühenden Fantasie des Lehnsherrn zu entspringen vermochten.

Titanic

=

Des Passagierdampfers historische Kollision am Fuße des Eisbergs

---

Prison Break

=

Kerkerflucht

Haus des Geldes

=

Des Zasters Behausungsstätte

Deutschland sucht den Superstar

Germanien trachtet nach astreinen Gesangssolisten

Hangover

Festakt, welcher aufgrund hochprozentiger Ethanolmixturen einen multilateralen Gedächtnisschwund zu entfachen vermag

---

Der Pate

Als Oberhäuptling agierender Gevatter eines verschworenen Bündnisses sizilianischstämmiger Malefikanten

Fluch der Karibik

Karibische Vermaledeiung

Squid Game

Barbarisch reglementiertes Ritterturnier koreanischer Art

Breaking Bad

Freiherr von Heisenberg und der Handel mit Substanzen berauschender Wirkung

Lupin

═

Des Meisterdiebes Rachefeldzug

You – Du wirst mich lieben

═

Die anomale Obsession des Joe Goldberg

How To Sell Drugs Online

═

Des Rauschgiftvertriebsfachmannes Handwerk auf nicht analogen Marktplätzen

The Walking Dead

Ableben per pedes

Game of Thrones

Des Thrones Hasardspiel

Narcos

Vermögensbildung per Zucht von Substanzen berauschender Wirkung auf Anordnung des kolumbianischen Lehnsherrn Escobar

Tiger King

Der Raubkatzen hoheitsvoller Gebieter

Greys Anatomy

Mären des quotidianen Unterfangens der heilkundigen Mediziner

---

How I Met Your Mother

Die Art der frühesten Zusammenkunft Eurer Gebärerin und meiner Wenigkeit

Wer wird Millionär?

Welcher von Glück gesegnete Emporkömmling erringt Millionen Gulden?

Bauer sucht Frau

Des Agronomen Maidenfahndung

Der Bachelor

Schwerenöter im Maidenparadies

Ich bin ein Star – holt mich hier raus

Ich bin ein Individum edlen Geblüts,
so erlöset mich von dem elendigen Leid
des subtropischen Urwalds.

Das Sommerhaus der Stars

Der vermeintlich famosen Bettgenossen
sommerliche Residenz

Temptation Island

Eiland der libidinösen Verführung, welche Fortpflanzungsgemeinschaften auf eine gar melodramatische Probe ihrer Ehetauglichkeit zu stellen vermag und zumeist treubrüchige Lustknaben enttarnt

---

Germanys next Topmodel

Ausspähung einer germanischen Vorführmaid, welche in Bälde einen ruhmreichen Emporstieg zu zelebrieren vermag

Ex On The Beach

Verblühte am Gestade

Shopping Queen

Textilienerwerbshoheit

Beauty & The Nerd

Anmutige Grazien und reizloser, mit datenverarbeitender Technik bewanderter Eigenbrötler

Love Island

Eiland lediger Junggesellen mit ausgeprägter Paarungsbereitschaft

---

Kampf der Realitystars

Das Gefecht halbfamoser Gaukler

Late Night Berlin

Germanisches Hauptstadtgeflüster zu nächtlicher Stund'

Galileo

Der Wissenschaft komprimiertes Gedankengut

Die Höhle der Löwen

Des Wüstenkönigs Gruft

Das perfekte Dinner

Abendmahl in optima forma

Let's Dance

Nun vollziehet eine Destruktion des Parketts via Tanzbeinschwingung elitärer Ausführung.

Kevin – Allein zu Haus

Des ungehobelten Wichts Kevin vereinsamte Behausung

Dirty Dancing

In Unehre schwofen

Harry Potter und der Stein der Weisen

Zauberlehrling Harald von Potter und das im Besitztum kundiger Gefährten befindliche Gestein

REDEWENDUNGEN

Ein gar poetischer Höhepunkt für Verehrer metaphorischer Verse! Germanische Redewendungen vermögen ein schier unübertrefflicher Schmaus für Horcher und Oculi zu sein. Drum trachtet es den Lehnsherrn nach einer entsprechenden phraseologischen Zelebrierung in einem separaten Kapitel! Werte Untertanen, präparieret Euch nun für flammende Bespöttelungsanfälle und führet Euch folgende Translationen zu Gemüte, welche eine gar elysische Symbiose aus erlesenen Prachtstücken der germanischen Lyrik sowie der sprudelnden Fantasie des Lehnsherrn wortgewandten Züngleins darstellen.

Hast du noch alle Tassen im Schrank?

Mich dünkt, die Befüllung Eures Armariums glänzt durch die Absenz henkelgriffiger Porzellanschalen.

Auch ein blindes Huhn findet mal ein Korn.

Selbst ein durch absentes Sehvermögen unterprivilegiertes Federtier vermag eines fernen Tages Saatgut zu erspähen.

Lieber den Spatz in der Hand
als die Taube auf dem Dach.

Des Haussperlings manuelle Greifung möge gegenüber der Landung des Täuberichs auf der eigenen Behausungsspitze präferiert werden.

Einem geschenkten Gaul schaut man nicht ins Maul.

Bei kostenneutraler Besitzübertragung eines Wallachs möge man von einer Beäugung der Rachenhöhle Abstand nehmen.

Wer im Glashaus sitzt, sollte nicht mit Steinen werfen.

So mögen Insassen gläserner Behausungen von einem gar selbstzerstörerischen Akt eines Wurfvorgangs kraft Gesteinsbrocken absehen.

Wer anderen eine Grube gräbt, fällt selbst hinein.

Ein Narr, der es wagt, anderen eine Bodensenke auszuheben, dem droht der Sturz in dieselbige.

Morgenstund' hat Gold im Mund.

Die Rachenhöhle vermag bei Tagesanbruch vom chemischen Element Aurum bestückt zu sein.

Da brat mir einer einen Storch.

Man röste meiner Wenigkeit ein Gefieder hageren Gebeins.

Da wird ja der Hund in der Pfanne verrückt.

Die Töle vermag, dem gegenwärtigen Umstand entsprechend, in jener metallenen Schmorapparatur tollwütige Eigenarten zu entfalten.

Ich glaub', mein Schwein pfeift.

Mich deucht, jenes Borstenvieh in meiner Obhut vermag des Zirpens mächtig zu sein.

Hast du Tomaten auf den Augen?

=

Vermöget Ihr ein durch Paradeiser eingeschränktes Sehvermögen vorzuweisen?

Hals- und Beinbruch!

=

Meine Wenigkeit vermag Frakturen Eurer unteren Extremitäten sowie Eures Zervix herbeizusehnen.

Dir muss man ja alles aus der Nase ziehen.

O welch Trübsal!
Euch wortkargem Gesellen haben Silben
und Parolen gar nasal entlockt zu werden.

Passt wie Arsch auf Eimer.

Jene Glutealregion vermag sich in gar
akkomodabler Harmonie ins henkelgriffige
Volumenmaß zylindrischer Formung einzufügen.

Butter bei die Fische!

So bildet eine Symbiose aus Meeresgetier und streichzartem Schmalz.

Mir geht der Arsch auf Grundeis.

In furchtsamem Vorgange vollzieht sich die rektale Abgleitung meinerseits auf eine mit kristallinen Festkörpern bestückte Erdoberfläche, deren Ursprung atmosphärisch in anhaltenden Frostperioden liegt.

Das ist mir ein Dorn im Auge.

=

Der botanischen Gewächse stechende Gebilde vermögen das Oculus meiner Wenigkeit zu schänden.

Halt die Ohren steif.

=

So mögen Eure Horchlappen unelastisch emporragen.

Du bringst mich auf die Palme!

=

Eure Manier vermag mich auf des südländischen Gewächses Krone zu manövrieren!

Ich glaub', mich tritt ein Pferd!

Mich deucht, des Hafermotors pedale Gewalteinwirkung vermag auf mich niederzudreschen.

Das ist nicht mein Bier.

Gerstenkaltschalen auswärtiger Gesellen vermögen meine Wenigkeit in Anbetracht mangelnder Sachherrschaft nur peripher zu tangieren.

Mal den Teufel nicht an die Wand.

Setzet Satans Portraitierung an jenem Gemäuer ein Ende.

Du bist auf dem Holzweg.

O werter Herr, mir scheint, Ihr lustwandelt nach Eurem Gutdünken auf hölzernem Wege.

EPILOG

Wir sind am Ende unserer Reise durch die Kunstsprache angelangt. Wir hoffen, dass sie für euren Gemütszustand erbaulich war und für Schmunzeln oder gar den einen oder anderen Lacher gesorgt hat.

Uns ist noch wichtig zu betonen, dass die Übersetzungen in diesem Buch keineswegs historisch korrekt wiedergeben, wie in früheren Zeiten oder in Adelskreisen tatsächlich gesprochen wurde, sondern dass unsere Feudalsprache eine Kunstform darstellt, die frei kreiert, interpretiert und auch geändert werden kann.

Wir hoffen, dass ihr ebenso viel Spaß beim Lesen hattet wie wir beim Schreiben dieses Werkes, und wünschen euch weiterhin viel Freude beim Entdecken der »feudalen« Ausdrucksweise. Folgt uns gerne auf Instagram und Facebook – dort veröffentlichen wir täglich neue Beiträge in Feudalsprache.

HABET DANK

Wir möchten an dieser Stelle unseren herzlichen Dank an unsere Geschwister und Eltern aussprechen, die uns immer bei unseren Vorhaben unterstützt haben. Ein besonderer Dank geht an Martin Widenka, der dafür gesorgt hat, dass die Wege von Dario und mir sich kreuzten.